FRANCISCO J MORENO-RODRIGUEZ

Trabajos De Ciencias Políticas

Contents

Dedicatoria

Para mi madre quien me motivo a tener mis propias opiniones.

Prefacio

Este compendio de ensayos cortos, son trabajos que he tenido que hacer para la universidad. Soy un estudiante de ciencias políticas, por ende la cantidad de ensayos y trabajos escritos que he hecho es extensa. Pensé en compartir mis pensamientos y a la vez capitalizar de ellos. Pienso que estos pensamientos e ideas pueden inspirar a otros a buscar más allá y formular opiniones sobre los temas que se tocan.

Agradecimientos

Agradezco a mi abuela y a mis amigos que me apoyan en todo lo que hago.

I

Trabajos universitarios

Lo siguiente es un pequeño compendio de trabajos escritos durante mis años de universidad, donde puede observar la formación del pensamiento político y mis opiniones acerca ciertos temas, tambien hay cortas biografias y mis pensamientos sobre dichos personajes. Claro que mucha de la formación ocurrió previa a la universidad, no obstante se presentan aquí mis ideas sobre temas como la intervención internacional y el contrato social.

1

Lo político, la politiquería y su bastarda

El término política ha sido diluido al pasar de los años, una mezcla de corrupción y burocracia, ha cambiado totalmente lo que para la mayoría de la gente significa esa palabra. A esto se le añade lo que es la política partidista, en una nación democrática es fácil que se pierda la distinción entre estos términos. Es importante crear una distinción entre lo que en Puerto Rico se conoce como "politiquería". La politiquería es el uso de los existentes sistemas políticos y de gobierno para beneficio de un pequeño grupo de personas. La diferencia es evidente entre ambos la política y lo político. Pero la diferencia entre la politiquería y los otros términos es menos evidente que la diferencia entre la política y lo político.

En el texto se habla de lo político como una modalidad de existencia de la vida comunitaria a la acción y una forma de acción colectiva. Lo político, en el texto de Rosanvallon, es todo aquello que constituye la poli, o el estado. Claro que el ejercicio de poder que ocurre dentro del estado es entonces la política. Se podría definir como ese ejercicio de poder. La competencia dentro de la "Poli" para tener ese poder político también es política. Entonces si lo político es lo que le compete al estado, la política es lo que le compete a los actores tanto dentro como fuera del estado. El poder es adquirido mediante la política y utilizado para lo político. La inclusión de ese tercer término, la politiquería viene con el propósito de mostrar cómo la política se puede bastardear. El simple hecho de utilizar ese poder adquirido que se supone que vaya a lo que le compete al gobierno, osea el estado, para el beneficio de personas individuales crea este tercer término. Más allá de esto, utilizar los mecanismos del estado mismo para lo que es la política, podría también llamarse politiquería. Ya que la política no le compete al estado, si no a actores, que pueden representar grupos, pero no necesariamente el interés común. Entonces ocurre la dilución de lo político a nada más que politiquería, en la mente del ciudadano común la distinción queda borrada.

Únicamente para los practicantes de la politiquería, es extremadamente conveniente que estos términos sean diluidos y confundidos. Especialmente dentro de la democracia en la cual vivimos. La falta de distinción lleva a la baja en participación, lo cual solo deja dos grupos de personas en las urnas. Los que votan ciega o fanaticamente, la mayoría, y un pequeño grupo que lucha sin fin y sin resultado por un cambio en el estatus quo. Claro que dado que los fanáticos, son perfectos para el mantenimiento del estado actual.

Esto ocurre en cualquier democracia donde la tasa de corrupción es alta y la educación es baja. Claro que en naciones bipartidistas el problema se multiplica. Pero en general siempre se mantiene el status quo, hasta los partidos "progresistas" trabajan duro para mantener las cosas como estan.

Si bien los términos temáticos de este escrito están relacionados de manera que uno no puede existir sin el otro, cuando la línea entre los mismos desaparece se crea el tercer término. Claro que mientras la relación entre la política y lo político no pase más allá de lo que a cada uno de los mismos compete, no hay problema alguno. Es una frágil relación simbiótica. La idea de Aristóteles de la aristocracia pasando a oligarquía por la malicia de los líderes, es una buena comparación forma de ver esta situación. La política en una democracia se transforma en politiquería al igual que una monarquía en tiranía. Si los gobernantes no saben medir sus intereses y como se confligen con los de los gobernados, se abre paso a la politiquería. En este día y año simplemente no se puede hablar de lo político y de la política sin hablar de su bastardo. Si bien necesitamos de la política para que nuestros líderes y aquellos que redactan nuestras leyes tengan el poder de ejercer su empleo y deber, nadie necesita de la politiquería.

2

Estados de la República

La entrada estado en Sebastián de Covarrubias y Orozco: Tesoro de la lengua castellana o española habla de cómo dentro de la República hay diversos estados. Cuando esto fue escrito, España estaba en su apogeo. Es más importante aún ver por que la nación española dividiría sus territorios en virreinatos. Esencialmente cada virreinato era una nación dentro del reino español. Creando una subdivisión de naciones dentro de otra nación. Pero la lectura parece referirse a un estado como "status" de manera a que habla de cómo la República tiene ciertas subdivisiones. El gobierno parece ser meramente una subdivisión de la República, de la manera en que los clérigos y los caballeros también son subdivisiones de la misma. También se menciona de cómo cada estado dentro de la República tiene su propio límite y orden. Lo cual implicaría una idea de que estos estados son unidos pero aparte. Los caballeros no son parte de el clero y los labradores no son parte de los caballeros, sin embargo son parte de la misma República.

La idea de que el Reino o el gobierno de la persona real es solo un estado de la República indica que el gobierno no es el estado. Simplemente el gobierno es un estado de los muchos que componen la República. Para entender la presencia de diversos estados dentro de la República simplemente hay que comprender que la República es la suma de todas las partes que la componen, y los estados son esas partes. La división de la República y los estados dentro de la misma es necesaria, no sólo para comprender la lógica de la época sino que también para comprender las decisiones que tomaban los Reyes y líderes de las naciones. La división de los estados dentro de la República se podría ver como un ancestro de la actual división de poderes. Por esto aun en el día de hoy, utilizando la lógica moderna, dentro de los Estados modernos aún podemos apreciar en ellos los diferentes estados que los componen. Se podría entender que el Estado moderno al igual que las Repúblicas de la primera modernidad estaban compartimentalizados.

Las Memorias del Duque de Saint-Simon comienza con simplemente la descripción de un día común en la corte del rey de Francia, pero al siguiente día rápidamente se transforma en un día poco común. En ambos días el Rey va de caza, el Rey come con la corte o con al menos parte de la misma y hace anuncios a la corte. Es muy probable que las discusiones parecidas a las que tuvo este miércoles fueran tan comunes como el rey saliendo a cazar. El Rey español falleció y en su testamento le deja la potestad Carlos XIV de escoger al próximo rey de España. El Rey de Francia tiene una decisión que tomar que no solo afecta a Francia si no a toda Europa y a las americas. En la lectura se puede apreciar que el debate sobre si el Carlos XIV debe aceptar el testamento o el tratado de reparto. Las figuras presentes tienen un empate ya que los ministros estaban dos a favor de aceptar el testamento y dos a favor del tratado de reparto.

Interesantemente, el Rey le pide la opinión a Madame de Maintenon, le pide la opinión a una dama. La madame de Maintenon estaba callada por mantener cortesía, ósea no era común que hablara durante la deliberación de los ministros y el Rey. Pero el Rey le pide su opinión en particular. Y rompió el empate que se había creado, lo cual probablemente afectó la decisión de el Rey quien acabó aceptando el testamento. Es importante recordar que aceptar el testamento era sumamente arriesgado para Francia, ya que ponía el continente en un desbalance, también estaban ignorando un tratado lo que se podría interpretar por agresión por otras naciones. Pero aceptar el testamento le daba al Rey control indirecto sobre España y los territorios ultramarinos de la misma, y si fuera el caso de que no tuviera mucho control, al menos podía saber que tendría un aliado sólido en España. Con la aceptación del testamento, el Rey podría poner a quien él deseara en el trono. Esto estaba contra el tratado de reparto que dictaba que España sería repartida entre diversas naciones europeas. Para la nación francesa era más conveniente el reparto ya que esto le daría territorios a Francia.

La corona francesa decidió quién tendría la corona española, una persona con parentesco con el rey francés. Esto demuestra más como la República estaba dividida. Ya que no hay una adquisición para Francia, si no que una adquisición para la familia real. El plebeyo común no se beneficia de la decisión del Rey. En la época moderna, si un estado puede decidir por otro, la gente común del Estado que controla el otro se beneficia, aunque sea mínimamente. Es visible que aunque la división de los "status" existe hoy día, no está tan marcada como en esta época. Ahora si un líder toma una decisión que beneficia solo a èl o a su familia, se le considera corrupto. Pero en esta época era visto como algo normal, los mismos ministros de estado, claro que no todos, apoyan la decisión del Rey. Una mujer que no es parte de la corte o el gobierno, tiene el poder de influenciar al Rey. Hoy eso sería un escándalo de proporciones épicas. Pero la decisión no beneficia las partes bajas de la sociedad, y muchos probablemente no se enteran de decisiones como esta hasta mucho tiempo luego de que ocurren.

En la época actual las decisiones importantes en la mayoría de las naciones se toman democráticamente, aunque existe una división cada ciudadano tiene poder en la nación. No que en esta época la corona podría tomar cualquier decisión que quisiera aunque no beneficia a la nación si no que a su persona, o a su familia. Aunque la decisión pueda causar una guerra, hambruna o pobreza. La corona podía hacer lo que quisiera. En la actualidad tomar una decisión que no beneficie a la mayoría de la población es generalmente una excepción por la cual los líderes tienden a pagar.

La obra de François Gerard de Felipe V presentada por Luis XIV es una pintura que depicta a la embajada española recibiendo a su nuevo Rey. El Rey de Francia al aceptar el testamento tiene la responsabilidad de presentar al nuevo Rey de España. Los españoles se inclinan por primera vez frente a su nuevo Rey. Mientras los franceses están en su mayoría detrás de Luis XIV y no se arrodillan. Todo esto está ocurriendo en la corte francesa, con los españoles siendo enviados para recibir al nuevo Rey. Es interesante como la pintura parece mostrar a los franceses como superiores a los españoles ya que además de estar de pie frente no solo al Rey español sino también de su propio rey tienen un aire de superioridad. No es como si estuviera fuera de lugar ya que desde ese punto en adelante, mientras viviera Felipe V españa estaba básicamente bajo control francés. No francés sino sobre control de la familia real. Un tanto más simple es como se puede identificar a los españoles por la ropa que llevan puesta ya que es distintiva de la francesa, esto también parece mostrar la diferencia de ambas naciones que ahora van a estar sobre el dominio de la misma familia.

Es visible en todos los casos que se presentan en las lecturas la gran separación que existía en las naciones medievales. Decisiones que hoy serían consideradas corruptas, tomadas entre grupos pequeños y en algunos casos por personas que no ocupan ningún puesto público y el Rey. Una nación aceptando que el líder de otra infrinja su soberanía, claro que era o esto o aceptar la fragmentación de la nación. La lógica política de esta época es muy distinta a la lógica que tenemos en el día de hoy. A pesar de que estas divisiones de estatus que se daban parece ser lo que hoy conocemos como división de poderes, y también es parecida a nuestras divisiones sociales y económicas en el día de hoy la lógica utilizada en la primera modernidad es inaceptable, especialmente la lógica de la familia real sobre el estado. Pero las divisiones que existían y existen es lo que se suma para formar una nación o un estado, ya que sin las mismas no podría existir.

3

Guerras Religiosas

Los grabados de Lucas Cranach de el anticristo, fueron creados durante la reforma protestante, estos grabados representan un ataque a la institución papal. Los grabados fueron hechos durante la época de la reforma, los mismos muestran al papa como el anticristo. Principalmente los grabados muestran un evento en el cual Cristo participó, comparado con eventos en los cuales el papa está protagonizando. La entrada a Jerusalén de cristo en una burra, humildemente, contra la forma que el papa va de ciudad en ciudad, a caballo con armadura. Se muestra también cómo Jesús limpia los pies de los apóstoles y cómo la gente que visita al papa debe besarle los pies. La última imagen nos presenta a Jesús sacando los mercaderes del templo en Jerusalén, mientras el papa vende indulgencias.

Los grabados crean un contraste entre ambas figuras, pero el ataque no es personal contra un Papa en particular, sino contra la institución en sí. La reforma entera tenía problemas con el papado, y estas imágenes demuestran cómo se podría ver al papa como la antítesis del cristianismo en sí. Las imágenes debieron ser importantes en la época de la reforma, pero es cuestionable cuán efectivas este tipo de imagen y medio para esparcir información sería. Mientras se podría decir que el nivel de alfabetismo podría afectar muchos escritos reformistas, en el caso de los grabados son imágenes que todo el mundo con conocimiento de las lecturas sagradas podían entender. Ya que son comparaciones visuales y leer no es necesario para comprenderlas, en esta parte se podría afirmar que tendrían una mayor audiencia que los escritos en sí. Pero todos estos métodos escritos o dibujados siguen siendo escasos para la mayoría de la gente de esta época, entonces la efectividad de los dibujos VS. los escritos no debe ser tan drástica, cabe destacar que los dibujos están destinados a la gente común de Europa, aunque el sacro imperio Romano debió ser el remitente mayor de imágenes cómo está.

Todas las campañas reformistas tenían problemas con la institución eclesiástica, fuera con el papa o con otros elementos de la jerarquía. Tampoco ayuda que durante la época de la reforma tenemos papás famosos porque fueron horribles. En el momento que se produjeron los grabados el papa era Leo X, quien es famoso por poner los intereses de su familia sobre los intereses de la iglesia, aunque esto es algo común para la época, pero su apellido Medici solo apoya que al provenir de una familia famosa y poderosa solo tenía intereses en el beneficio de su familia. Los Medici no eran los únicos culpables de esto, los Borgias y otras familias italianas también. Con familias y estados completos ejerciendo su poder y influencia terrenal en el puesto de el papado fue algo que definitivamente tuvo parte en el declive que vino en los próximos años al poder del papa. El próximo papa sufrió el saqueo de Roma y fue un rehén de Carlos V, pero se podría decir que el papa Clemente séptimo fue solo una víctima de la historia. El era considerablemente mejor para la posición que su precedente, habló de Leo X ya que Adrián VI apenas duró un año en el puesto. Siendo también Medici, pero no recurrió a la mala fama de su primo de gastar dinero en fiestas y orgias en Roma. Claro que Leo X también fue el papa que excomulgó a Martín lutero. Lamentablemente todo eso pudo haber sido resuelto con métodos distintos, tal vez se pudo evitar la guerra de los 30 años.

En mi opinión, las guerras religiosas y la ruptura de la iglesia pudo ser detenida si el papado hubiera sido reformado, de maneras reales y llegado a acuerdos con los reformistas. Hay que recordar que se llama reforma y no revolución, claro que había problemas de ideales religiosos, pero los problemas sobre el poder de la iglesia y la venta de indulgencias y otros problemas terrenales. Tal vez pudieron haber sido tratados con más delicadeza. Quien sabe si los problemas ideológicos de haber sido discutidos bajo una reforma católica, hubieran sido tomados en consideración.

En el caso de Inglaterra, ya ahí no había remedio, es simplemente un rey utilizando su poder para que se haga su voluntad. En fin el caso de Inglaterra es aparte, El rey se aprovechó del estado en el cual estaba la Religión católica, y que había un movimiento protestante creciendo en su territorio. Personalmente dudo que de ser distinto y no hubieran ocurrido sus situaciones con sus esposas, el rey no hubiera cambiado la religión del estado. Probablemente hubiera seguido hasta cierto nivel alguna doctrina como el edicto de nantes o hubiera expulsado a los protestantes.

El edicto de Nantes de 1598, el autor de el edicto fue el rey de Francia. Enrique cuarto, el edicto crea una orden de tolerancia religiosa hacia los calvinistas. El edicto era para todos los súbditos del Rey. No solo crea una orden de tolerancia si no que termina con las guerras religiosas de Francia, unificando la Francia nuevamente. Claro que no se puede hablar de igualdad, si no de tolerancia. Ya que el edicto prohíbe que los calvinistas practiquen su religión en público y también prohíbe la propagación de textos calvinistas, y su escritura. Salvo en algunas ciudades en las cuales los textos tenían que pasar por oficiales de la corona para ser aprobados. Se le abre el espacio a los calvinistas a formar parte del gobierno, tener puestos administrativos. Pero se restaura la fe católica como religión de la nación. Se especifica que no se podría hacer distinción entre calvinistas y católicos en las instituciones gubernamentales, instituciones médicas e instituciones de estudio. El edicto, se podría entender como el principio de lo que hoy conocemos como igualdad religiosa hoy en día. Pero no se podría comparar con los derechos que tienen todas las personas sin importar su religión hoy en día. También cabe mencionar que solo se estaba tolerando otra rama del cristianismo, no menciona judaísmo o el islam.

El edicto abre las puertas a la tolerancia e igualdad que conocemos hoy día, en su época es una orden revolucionaria. Pero es pragmática, si no fuera por el edicto Francia hubiera estado en continuas guerras confesionales internas, lo que hubiera fracturado la nación o la hubiera dejado suficientemente débil como para que un poder extranjero tomará control de la misma. Sin embargo, las libertades dadas a los calvinistas, que es a lo que en el tratado se refiere como religión reformada, serían consideradas muy limitadas en un tiempo donde en la misma nación pueden vivir, judíos, protestantes, católicos, musulmanes, budistas, etc. Todos esos grupos en los países del "oeste" tienen libertad de propagandizar su religión, tener puestos políticos, ser dueños de tierras, vivir en los mismos vecindarios que practicantes de otras religiones, etc. El edicto de Nantes, en su época, que abarcaba toda Francia y sus territorios, era algo revolucionario pero en el día de hoy lo veríamos como una tolerancia religiosa parcial.

La Paz de Westfalia de 1648, culmina los conflictos bélicos por religión en Europa, particularmente culmina la guerra de los 30 años. El conflicto no puede verse sólo como un conflicto religioso sino como uno geopolítico también. Podría considerarse desde una esfera euro centrista como la Primera Guerra Mundial, ya que los intereses coloniales de las naciones europeas, transformaron el conflicto en uno que afectó el globo entero. El mejor ejemplo que sustenta esta teoría es el ataque holandés a Puerto Rico, entonces una colonia española. La Paz de Westfalia se divide en dos tratados, el tratado de Osnabrück y el tratado de Munster. El tratado habla del principio de la amnistía, de cómo sin la misma no se puede forjar La Paz general y eterna.

La amnistía consiste básicamente en olvidar las hostilidades y conflictos. Es fácil comprender por qué esto es necesario, ya que perdonar sin olvidar no es suficiente para tener paz. El tratado pide borrón y cuenta nueva, para que se puedan tener relaciones amigables entre naciones y asegurar Paz y estabilidad en lo que llamaré el mundo europeo, las naciones europeas y sus colonias. Este borrón y cuenta nueva es la base para crear nuevas relaciones entre las naciones beligerantes, para estabilizar intereses económicos, para detener la matanza. Pensándolo desde un punto de vista contemporáneo, donde las guerras nunca duran más de diez años, 3 décadas de guerra conlleva el desplazamiento y muerte de millones de personas, claro que no es comparable con las batallas de la Primera Guerra

Mundial tan siquiera pero en el momento histórico cuando esto ocurre es devastador.

Los documentos mostrados son todos muy importantes, crean precedente para procesos que tenemos hoy día. La Paz de Westfalia es considerada por muchos el primer tratado moderno, el edicto de Nantes se considera como el primer paso hacia la libertad religiosa. Pero el costo de ambos fue bastante grande, muchos tuvieron que morir para aprender que las guerras confesionales en verdad no valen la pena, una lección olvidada por ciertos grupos islámicos. Con ese comentario quisiera reiterar que olvidar lo que las naciones han hecho en contra de otras naciones es necesario para La Paz pero irónicamente, para evitar la repetición de estos procesos también es necesario recordar, pero sin rencor. El principio de la amnistía es un principio delicado, tanto a nivel nacional, como internacional.

4

Biopolitica

La lectura de la oeconomia (economía del hogar) podría identificarse como una entrada, ambas la de el diccionario y la enciclopedia. La autoría del diccionario es desconocida pero la enciclopedia fue escrita por Jean Jacques Rousseau. Estos volúmenes estaban destinados a la República de las letras, o la gente educada que formaban parte de la sociedad. Ambos textos fueron escritos en la época de la iluminación, y ambos son intentos de recopilar información sobre diversos temas en libros para que la gente que podría comprarlos y leerlos tenga la información a la mano. Parecidos a la biblia pero de información de cosas naturales y humanas, asuntos terrenales. En el caso de la Encyclopédie era la primera vez que existía un volumen de su estilo.

Las definiciones provistas por ambos textos de tanto voces economía y oeconomia tienen unos parecidos pero también ciertos contrastes. La definición provista por el diccionario de autoridades nos habla de una administración prudente de bienes temporales. Atribuye esta administración a los gobiernos de familia, los cuales podrían ser el gobierno de familia de un señor o de un plebeyo. Ambos regidos comúnmente por un padre de familia, quien es el que toma estas decisiones prudentes de administración. En el caso de un señor no sólo rige sobre la administración de los bienes de su familia sino que indirectamente influye sobre la administración de la gente que vive en sus tierras. La definición de Encyclopédie habla más sobre cómo el estado es una gran familia, entonces referente hacia el estado administrando todos los bienes que se encuentran en su territorio. Aquí se encuentra el contraste de las definiciones, la primera es un poco más separadora y hace referencia a unidades familiares más independientes, la segunda une todo dentro la gran familia que es el estado. Este pensamiento familiar también puede explicar cómo los gobiernos del antiguo régimen se consideraban gobiernos familiares. Ya que las familias en cierto sentido también podrían considerarse como la unidad básica de la sociedad. Entonces se podría considerar a la familia real como, además de el rey, como el estado. El estado no solo como gran familia, sino como una familia en sí. El texto de la Encyclopédie habla de un estado como gran familia, mientras que el diccionario sólo menciona a un gobierno. Lo cual es una diferencia importante y porque solo mencionó a señores cuando hablo de la lectura del diccionario. Mientras de la economía de la enciclopedia se puede hablar de Reyes. Un señor conforma un gobierno en sus tierras pero no conforma un estado. Mientras el gobierno de un rey es más parecido a lo que hoy en día conocemos como estado. Pero ambas definiciones en esencia hablan de lo mismo, la familia como la unidad básica de la economía, en este pensamiento se encontrará un contraste aún mayor con la economía moderna.

Aunque en algunos casos, muy extremos el rey en si es el estado, pero en la edad media ya habían casos de "estados" que tenían algún cuerpo aunque fuera de facto y no de jure, que compone hasta cierto punto algún tipo de gobierno. En algunos caso podría ser el clero o algún conjunto de nobles. Pero seguiría entonces funcionando este grupo como cabeza de familia. Cabe mencionar que en muchos casos cuando faltaba el rey, Como la figura de padre de familia entonces teníamos a la figura maternal. Muchas veces esta figura maternal era más efectiva y mejor que el padre.

Un excelente ejemplo es Caterina La grande, quien luego de el reino del hijo de Pedro el grande logró poner a rusia de pie. Lo que Pedro el grande logró su hijo casi desmantela pero Caterina rescato el reino. Isabela de castilla, una gran reina, mientras vivió fue la mujer más poderosa de europa y tal vez del mundo. Bajo su reino España se transforma en un reino donde no baja el sol. No era requisito ser hombre para ser cabeza de un estado, claro era más difícil para una mujer tener el poder de facto de su posición de reina o emperatriz. Muchas mujeres siendo uno de los hemisferios de la cabeza, no rompieron el molde, Pero las que lo hicieron en general fueron grandiosas y lograron igual o más que los varones. Pero me estoy alejando ya bastante del tema aunque la salvedad era necesaria.

Volviendo al tema en mano. La economía moderna además de otras diferencias, ve al individuo como la unidad básica de la economía. El pensamiento un tanto patriarcal del padre de familia con el control del dinero de la casa, aunque ocurrente en la modernidad, es la excepción y no la regla. Esta diferencia aunque no parece serlo, tiene efectos fuertes en la sociedad. La sociedad tiene más libertad y control directo sobre la economía, lo cual crea soluciones y problemas. Los gobiernos tienen menos potestad y menos poder sobre sus propias economías ya que el individuo "vota" con su dinero. En un mercado donde la unidad más pequeña es la persona el poder verdadero lo tiene la misma. Lo cual iguala a la población, hasta que la cantidad de bienes que poseen, los vuelve a separar. El pensamiento de la familia como unidad mínima le resta las libertades al individuo. Esto en un mundo en el cual aunque la igualdad es un tanto lejana está mucho más cercana que en la edad media, esta individualidad es sumamente importante. Especialmente en las esferas capitalistas ya que entre más consumidores mejor, entre más personas puedan producir, hasta cierto punto, mejor.

Esta unidad más pequeña económica, crea una defensa invisible contra la biopolítica de la cual habla Bernardo Ward. En su tratado económico dirigido hacia la corona española, las sugerencias emitidas para mejorar la economía española con estrategias de conversión y eliminación, aunque efectivas en esta época, no funcionan en la época actual . La biopolítica directamente afecta la economía de una nación. Naturalmente estos efectos pueden ser tanto positivos como negativos, aunque estas estrategias tienden a ser poco aceptables en la modernidad aún tienen su lugar en el mundo. En ciertas ocasiones pueden tener su función en la modernidad por amoral que sean estas estrategias muchos estados modernos han utilizado la conversión como herramienta efectiva. Pero la combinación de eliminación y conversión o solo la eliminación no tienen lugar en el mundo moderno ya que tienden a afectar la economía y la sociedad de maneras negativas.

La ironía de que Bernardo Ward era irlandes y los irlandeses fueron perseguidos, asimilados y esclavizados no está perdida. Las estrategias que Bernardo propone fueron utilizadas contra su propia gente, por el gobierno inglés. Claro que los ingleses y los españoles no fueron los únicos que utilizaron.

La época en la cual el imperio español estaba en su apogeo, la estrategia de exterminio y asimilación forzada de poblaciones como los gitanos y los nativos en las américas funcionaban tanto económicamente como socialmente. Aunque estas estrategias son y siempre han sido deplorables lamentablemente eran efectivas. Mientras que hace medio siglo algunos estados han impuesto estrategias biopolíticas sobre algunas poblaciones, estas no han funcionado. Debido a que el individuo tiene una gran participación en la economía y en la sociedad. Si no porque los mismos miembros de la sociedad que lleva a cabo estos actos acaban saboteando. Cuando mueren millones de individuos que participan en la economía de un país el país sufre problemas económicos. Mientras que en el pasado esto podría en algunos casos traer una nueva prosperidad. La exterminación no es efectiva ni viable, la conversión llevada a cabo efectivamente si es viable. Ya que la conversión permite al individuo a seguir siendo productivo, la exterminación solo deja un vacío que tiene que ser rellenado por otros. No solo deja un vacío la exterminación sino que ese vacío tiene que ser rellenado por otro individuo que probablemente ya llenaba otra necesidad. Cada individuo en la modernidad tiene un rol y un trabajo que cumplir en el estado si quiere sobrevivir, en el antiguo régimen era más fácil exterminar poblaciones debido a que no todos los individuos aportan al estado.

Pero no se podría decir que no todos los individuos aportan al estado, por que no existía un estado real. Se tendría que decir que estos individuos no aportan a los señores o a la corona, pero estos seguían funcionando en sus economías del hogar, claro con menos bienes que los individuos que sí aportan a la corona o a los señores. Pero debido a que no existían estados el pensamiento de la aportación del individuo al estado es errónea, ya que el "estado" en la mayoría de los casos no le proveía nada a las poblaciones que consideraba inútiles. Claro que en las américas la corona proveía ropa y religión a los nativos, pero esas cosas o ya las tenían previamente y fueron suprimidas o no les veían utilidad. La biopolítica es muy cuestionable, no solo la moralidad de la misma sino que su efectividad y el razonamiento tras la misma. Pero hasta cierto punto el estado debe transformar todos los Zoé a Bio, ya que esa es la única manera de mantener un estado efectivo. Es debatible si alguna otra alternativa hubiera funcionado, era casi imposible competir con una mano de obra por la cual solo pagabas una vez. Reitero que considero estas estrategias deplorables y muchos contemporáneos pensaban lo mismo.

De el exterminio y la asimilación forzada que creaba el antiguo régimen provinieron desde los movimientos abolicionistas hasta movimientos de derechos para los nativos. Claro que no eran nada como los movimientos de derechos civiles que vemos hoy en dia, pero está claro que gente desde común hasta clero y noble consideraban estas medidas inhumanas y deplorables.

La economía del hogar estuvo funcional durante el antiguo régimen, y aún se ven estragos de la misma, no obstante, no es operativa en la época actual. En la actualidad el individuo es el que tiene el verdadero poder económico, pero la idea de el gobierno como una gran familia si es utilizada al día de hoy. Ya que aunque está limitado su control aún tiene poder de administrar los bienes y esto afecta directamente la vida de los ciudadanos. Pero la idea de que el estado es una persona o una familia definitivamente no es utilizada, salvo algunas excepciones, en la actualidad. La biopolítica tampoco es operativa en la actualidad no solo por problemas morales sino que problemas económicos. La conversión puede ser utilizada limitadamente pero también puede tener efectos adversos en la sociedad y en la economía. El antiguo régimen era muy poco moral si lo vemos con nuestros valores modernos, pero también era bastante efectivo, a la misma vez sus soluciones crearon problemas a largo plazo. Aun en el siglo 21 vemos la gran separación que hay entre distintas culturas y todo es gracias a las estrategias biopolíticas del antiguo régimen. Las consecuencias de la modernización de estas ideas se pudieron observar en el siglo 20 y fueron aterradoras.

5

Revueltas Puertoriqueñas

La historia revolucionaria de Puerto Rico es una historia que ha de ser rebuscada para poder entenderla. Luego de los eventos ocurridos en las protestas del verano de 2019 en Puerto Rico, es importante, ahora más que nunca, conocer más allá de lo que les enseñan a los estudiantes de secundaria, de el alma revolucionaria de Puerto Rico. Específicamente las que ocurrieron en un pasado más lejano, ya que las mismas son menos conocidas y hay menos información sobre ellas. También es importante deshacer los mitos que circulan sobre los actos revolucionarios contra la corona española. Hablaré de tres rebeliones, la guerra de la macana y el sable, la rebelión de el Florín y el escudo, y por último la rebelión de corona y la República.

La primera revolución también es el primer evento en la historia militar de la isla. La única de las revoluciones locales que puede ser considerada en sí una guerra y también la de mayor duración; habló de la guerra taína-española. En la historia Puertorriqueña existe la leyenda de Salcedo, una leyenda romántica, la historia de un español enamorado de una taína, en cortas cuentas, el español fue asesinado por sus sirvientes nativos para ver si los españoles morían o eran dioses. Esta leyenda es casi completamente falsa, debido a que muchos historiadores apuntan a que los actos bélicos entre ambas civilizaciones comenzaron el mismo año de la llegada española. Pero no una guerra perse, la guerra vendría 18 años luego de la llegada de los colonizadores, pero no comenzará con la muerte de un solo señor español.

El primer evento revolucionario ejecutado por los nativos ocurre 5 años antes del comienzo de la revolución, la quema de Caparra en 1506, lo cual evidencia que, aunque la muerte de Salcedo pudo haber sido utilizada por Agüeybaná el Bravo para conseguir el apoyo de más caciques, los nativos ya conocían la mortalidad de los españoles. Una importante nota es que este evento es conocido como la primera revuelta; personalmente veo este evento como un paso que llevó a la eventual guerra, pero no como una revolución aparte. Además de pequeñas incursiones del caribe, en conjunto con unas pocas escaramuzas taínas, no hubo eventos mayores desde la quema de caparra hasta el comienzo de la guerra en 1511. La guerra sí podría considerarse comenzada cuando muere Diego Salcedo, aunque la existencia del personaje es medio ambigua.

Es importante recordar que la mayoría de los caciques estaban aliados a Agüeybaná el bravo, con excepción de dos. Las muertes de los españoles están en los cientos, pero la de los taínos están en los miles sin embargo el fin que los españoles buscaban era mantener la población taína bajo su control. El fin de los taínos era expulsar a los invasores fuera.

No hay duda que el conflicto entre los españoles y los indios fue dominado en su totalidad por el bando español ya que toda la ventaja la tienen ellos, pero cabe destacar que el conflicto duró mucho. Duró tanto que es el conflicto que más ha durado en la isla. Con el conflicto en la isla duró desde 1511 hasta 1518, pero los nativos continuaron haciendo ataques en exilio, en alianza con los taínos hasta 1529. La revolución taína falló, luego de tanto tiempo solo se logró la casi extinción de la raza taína. Lamentablemente veremos que toda la información directa que existe de estas revueltas y revoluciones proviene de los españoles.

La segunda guerra fue causada simplemente por la codicia de la corona española, debido a que si el mercantilismo español no hubiera sido, tan fuerte y limitante para la población no hubiera ocurrido. Dado la razón por la cual comenzó esta guerra, llamada por Francisco Moscoso la sublevación de los vecinos, fue porque algunas familias poderosas de Puerto Rico comerciaban con barcos holandeses, lo cual era ilegal, solo se podía comprar y vender productos españoles.

Este último acto revolucionario creó una confederación de municipios, que mientras aceptaban a España, no lo hacían al gobierno español. Todo esto además de ser por comercio también ocurre en medio de un momento tumultuoso para la corona española, ya que el rey español fue escogido por el rey francés. Esto causó una ruptura en la población española, quienes pensaban que un borbón no debería ser rey de España. Todo esto aportó a la confederación de pueblos que se creó en Puerto Rico, claro que fue por intereses de familias con poder en Puerto Rico, no por ningún sentido patriótico puertorriqueño, ni un reclamo de independencia, fue más un, que viva España pero que muera el mal gobierno.

Este conflicto se rigió con escaramuzas, pero duró alrededor de nueve años, con los pueblos logrando continuar separados de España por un tiempo considerable. Pero al final todos los líderes de esta revuelta fueron acorralados, los de familias españolas de alta estima fueron extirpados de sus riquezas, los de familias de baja estima fueron encarcelados y sentenciados a trabajos forzosos y los mestizos fueron ejecutados. Este evento que comenzó con el descubrimiento de una nave holandesa en un puerto de Mayagüez en 1701 culminó con una rebelión de once años que terminó en 1712 y trajo cifras de muertos y encarcelados que no han sido completamente calculadas al día de hoy, solo sabemos de los apresados y ejecutados. También sabemos que muchos soldados españoles estaban a favor de los rebeldes pero no se sabe completamente tampoco a qué castigo estos fueron sometidos, a excepción de los oficiales, quienes perdieron rango y posesiones también encarcelados.

Estas dos revueltas se diferencian de la próxima ya que en estos puntos aún no existía una nacionalidad "puertorriqueña ", ni un sentido de nacionalidad o identidad común entre los puertorriqueños. La próxima revuelta si tenía un sentido nacional encontrado, uno que fue cultivado, ya para este punto Estados Unidos se habrá independizado, la revolución francesa habrá transcurrido, la revolución haitiana también y los movimientos revolucionarios en sudAmérica estaban en su auge. Por esto le tocaría a Puerto Rico ser República, meramente por alrededor de dos días, la República se enfrentará a la corona y será vencida decididamente en una sola batalla.

Los planes del grito de lares fueron comprometidos, las armas que se hubieran utilizado para la revolución nunca llegaron a Puerto Rico, los líderes del movimiento tampoco llegaron a la isla tampoco. El 23 de septiembre de 1868 se declaró la República Puertorriqueña en la iglesia del pueblo de lares. La República no sobrevivirá dos días, el ejército español en Puerto Rico, en conjunto con milicias locales aplastaron la revolución, la misma sufrió problemas de fecha de cantidad de gente que participarán y las armas a utilizarse. No solo eso, sino que las células rebeldes fueron aplastadas antes del comienzo de la revolución.

Estos tres movimientos revolucionarios que ocurrieron en la isla todos resultaron con la destrucción del movimiento rebelde, no solo la destrucción de los movimientos sino que también el espíritu rebelde. Interesantemente los puertorriqueños lucharon junto a los españoles en todos los intentos de invasión por otras potencias extranjeras, como ingleses, piratas y holandeses. Defendieron los intereses españoles y su patria en vez de traicionar a los españoles y caer bajo el yugo de alguna otra nación. Esto habla mucho del sentido patriótico Puertorriqueño, tal vez la mentalidad patriótica correcta es darle muerte al mal gobierno sin necesariamente alienarse del poder extranjero que controla la nación, por más que suene paradójico. Pero esta no es la mentalidad moderna.

Todo esto es meramente para informar sobre la verdad de los movimientos revolucionarios, en ningún momento hubieron presentaciones pacíficas por parte de los indígenas buscando un mejor trato. No la revolución trae violencia y mediante violencia se ejerce cambio. El grito de Lares, aunque falló, demostró y abrió paso a la carta autonómica, que fue el documento que le dió la mayor libertad que Puerto Rico ha tenido desde que los españoles invadieron la isla, la violencia trajo un cambio, sin embargo no era violencia por causar violencia, sino una mezcla de ambos violencia y negociación entre los nacionalistas puertorriqueños de la época de los 1800s. La violencia medida y las negociaciones logran más que la violencia sin orden, los taínos no eran lo suficientemente sofisticados para entender esto, ambos bandos lucharon guerras de exterminio, las cuales solo terminan con el bando superior exterminando al otro, la rebelión de los vecinos no buscaba la independencia ni la expulsión de los españoles y no trajo nada nuevo, al punto que fue olvidada por la mayoría de los pobladores de la isla. Solo el grito de Lares trajo algunos frutos aunque fuera 30 años luego y estos resultados fueron extirpados por los Estadounidenses un año después de ser conseguidos.

6

Educación en la globalización

La lectura de *higher education transformations for global competitiveness: policy responses social consequences and impact in the academic profession in Asia*, habla de el cambio drástico que ocurrió en la educación de los países asiáticos. Reformas implementadas luego de la crisis económica en Asia de 1997 que funcionaron para subir el nivel de educación para que estuviera a la par con los sistemas primermundistas. Esto debido a que los líderes de estas naciones entendieron que para salir adelante necesitaban empezar por la educación algo que parece ser extremadamente obvio pero que en otros lados no es muy entendido. Las naciones asiáticas reformaron todas las áreas de la educación, particularmente la educación universitaria para la creación de profesionales que actuarán para mejorar la economía nacional luego de que fue arrasada por la crisis.

La mentalidad de los gobiernos, buscando como arreglar sus problemas socioeconómicos descubrieron que la educación no solo trae calidad de vida, más apoyo a los gobiernos generalmente y trae más trabajos. Claro que esta conclusión es casi

30

obvia para muchos Estados, hay otros que aún no han llegado a esta conclusión. Si no que estos elementos son necesarios para traer a flote nuevamente las economías nacionales. Claro que esto no es una tarea simple para una nación, especialmente hacer cambios que podrían ser extremadamente drásticos socialmente.

Los gobiernos entendieron rápidamente que no tendrían los recursos suficientes para llevar a cabo todas las mejoras que necesitaba el sistema educativo, por esto cultivaron interés del sector privado para crear un mercado educativo más amplio y obligaron a la universidad pública a trabajar con negocios e industrias para una mayor cooperación. Todo esto aportó a que en naciones como Hong Kong, Taiwán, Singapur y Corea del sur crearán un nivel de cooperación entre las universidades y el mercado industrial sin precedentes. Esta cooperación llevó a un alza en las actividades económicas de estas naciones, también diversificando los pilares económicos de las mismas.

Todo esto ocurrió en muchas naciones en espacios de menos de cinco años, claro que los resultados no fueron visibles de un principio pero, crear estos cambios y no solo eso que fueran éxitos y crear sistemas completamente nuevos en algunos casos ya que en algunos casos los sistemas educativos eran elitistas y pasaron a ser universales lo cual cambia también los esquemas sociales drásticamente.

Además de fortalecer la economía de las naciones, también subió la cantidad de gente que tenía educación universitaria por el cincuenta por ciento, lo cual causa una mejor calidad de vida, en conjunto con la economía. Claro que sin la cooperación de los gobiernos y el sector privado nada de esto sería posible. En el caso de Taiwán el cambio fue tan drástico que pasó de un sistema de elite a un sistema de educación global. Interesantemente aunque había más personas educadas la competencia por empleos siguió siendo un fuerte embudo social, pero ya no era definido por tu nacimiento, si no que por tu ejecución académica.

China también hizo un cambio drástico en su sistema educativo, creando espacio para las masas, lo cual también apoyó el desarrollo económico. En china hubo un alza de 24% en la cantidad de gente que atiende la universidad. Lo cual para una nación tan masiva es un número exorbitante de personas. Las naciones parecen haber coordinado estos esfuerzos para crear una mejor educación en sus jurisdicciones, sin embargo una mezcla de crisis y competencia entre naciones ha sido lo que ha creado la situación donde la educación mejora exorbitantemente.

La calidad educativa ha subido drásticamente en las naciones asiáticas, mientras otras naciones se quedan en la misma posición, los países asiáticos han escalado varios niveles. No hay un paralelo al crecimiento educativo de estas naciones, sus reformas han sido muy efectivas al nivel de que hablan por sí solas. Estas naciones consideradas tercermundistas están ya pisándose los talones de las naciones ya desarrolladas y más avanzadas.

La educación resultó ser esa bala de plata para combatir la crisis, el riesgo tomado por los gobiernos en invertir más en sus educaciones logró el resultado deseado, creando de una crisis a naciones que están en las economías más poderosas actuales. Lo cual ha creado bases de demanda para estudiantes y profesionales de estas naciones internacionalmente.

El problema económico podría ser atribuido un poco a la globalización debido a que la dependencia de préstamos o simplemente dependencia de recursos de otras naciones podrían ser causas para la crisis, también la zona del sudeste asiático tiende a ser un área políticamente inestable, lo cual también apoya a estos problemas. Pero la globalización tiende muchas veces a proveer soluciones a los problemas que la misma crea, ya que en mi opinión sin la competencia laboral internacional y los países queriendo ser mejores que otros en diversas facetas, creo que este acto de mejorar la educación habría sido imposible. Estos cambios fueron una tarea herculeana y dio frutos, pienso que muchas naciones podrían aprender mucho del cambio y reformas que ocurrieron en los últimos años en asia, ya que esto podría hasta en el caso particular de Puerto Rico crear nuevas oportunidades y esquemas sociales.

7

Las Humanidades en la política

Mi área de estudio son las ciencias políticas. Una rama de las ciencias sociales que estudia esencialmente las relaciones del poder. La relación de poder entre los que lo ejercen y sobre quien se ejerce. La misma tiene diversas teorías que tratan de explicar esta relación. Las ciencias políticas también tiene varias subvertientes que se ramifican desde derecho hasta relaciones internacionales. Lamentablemente aunque es un área de estudio extremadamente compleja, no se considera ciencia en sí. Este es el caso de todas las ciencias sociales.

A las ciencias políticas, se le considera pseudo ciencia, por que según los que definen ciencia, no sigue todos los aspectos del método científico. Claro que eso se puede ver con lo casi imposible que sería replicar un experimento y obtener el mismo resultado que otra persona obtuvo. Pero el conocimiento adquirido en investigaciones y experimentación, sigue siendo empírico. Los datos siguen siendo considerados como datos científicos y son utilizados para tomar decisiones en ámbitos gubernamentales. Algunas investigaciones son utilizadas para tratar de predecir cosas, como elecciones y decisiones guber-namentales. Las investigaciones que son de esta forma utilizan encuestas y entrevistas. También se hacen investigaciones retrospectivas. Para la ciencia política toda interacción entre personas es una interacción política. Ya que siempre hay alguien que ejerce algún tipo de poder sobre la otra persona, no importa cuan mundano sea. Claro que hay varias formas de ejercer poder, como la coerción, que utiliza la fuerza. También está el poder económico o utilitario que es como suena, utiliza el dinero para ejercerse. Si no se utiliza el poder en una interacción se utiliza la influencia, la diferencia es que el poder se adquiere y la influencia es otorgada. Claro entonces si cada interacción humana es política entonces la historia humana es una historia política.

Las investigaciones al comportamiento político ya sea del pasado o del presente son muy interesantes y brindan luz a muchas cosas que ocurrieron y nos dan razón para las mismas. Claro que en el caso de las investigaciones del pasado se hacen con ámbito histórico. Pero siguen siendo muy importantes. Nos brindan mucho conocimiento y nos ayudan a comprender el presente. Las ciencias políticas nos brindan un conocimiento extremadamente importante sobre nosotros mismos y nos dan un gran entendimiento sobre la sociedad y su comportamiento. También nos muestra mucho sobre cosas que mucha gente no comprenden. Los sistemas de gobierno son complejos y sus funciones no son fáciles de comprender. Claro que no requiere un bachillerato, con un poco de lectura se pueden comprender los sistemas, pero la mayoría de la gente no le ve importancia o no tiene tiempo. Lo cual conlleva a gente a ser "apolítico" algo que en realidad es casi imposible. La gente que no considera la política importante recae en una ignorancia política que en una democracia puede conllevar resultados desastrosos. Un buen ejemplo de esto es esta pequeña isla. Los resultados entre la corrupción, la ignorancia y la indiferencia política juegan una gran parte en el estado de nuestra nación.

Hay varias razones de porque estudio esto no solo, porque es lo más interesante que encuentro en la universidad, si no por que el bachillerato comprende muchas clases de diferentes ramas que complementan la ciencia política. Mientras que si, hay clases que no tienen relación alguna con el tema hay muchas que sí. La historia, las humanidades, los idiomas, las economías, todos esos complementan bastante bien los estudios de ciencia política. Todos los antes mencionados menos el idioma, aunque en ese caso es debatible, es directamente afectado por la política. Ya que la política afecta el arte que nos presentan en las humanidades, la política afecta la historia y la economía. Son eventos políticos los que más afectan la literatura y la pintura y la música. Desde acciones directas como la supresión de las mismas o cosas indirectas que impulsan ciertas modas. Ya sea una revolución, una guerra etc. acciones políticas afectan cada faceta de nuestras vidas, y también la de los artistas y escritores. Lo cual es solo lógico ya que el artista absorbe lo que le rodea. Luego lo plasma en su lienzo sea cual sea su medio de expresión. Claro que el arte también es política ya que puede influir con el pensamiento de las masas.

Pero aparte del aspecto educativo siempre quise estudiar ciencias políticas ya que la política es lo que me interesa. Desde pequeño siempre me encantaba escuchar historias de políticos famosos. Gente que con su gran conocimiento logró hacer grandes cambios para sus respectivas naciones. Gente como Caesar o Pericles que con gran astucia y poder trajeron cambios. Claro que también casos más modernos como FDR (Franklyn

Delano Roosevelt) y Kennedy, gente que en un ámbito público lograron mucho, claro que si estos cambios son buenos o malos es pura perspectiva. Pero trajeron un cambio. Cambio que desde que estoy en la escuela intermedia pienso que necesita Puerto Rico. Claro que es un cambio que viene generacional, en parte estudió la ciencia política ya que seria muy bueno ser parte de la generación que trajo el cambio, no simplemente darse en el pecho y decir esta gente trajo al fin una transición efectiva a el estado de mi nación, pero si no poder decir, nosotros somos los que creamos esta transición.

En lo personal, pienso que en la política está el cambio que es tan necesario para nuestra pequeña nación (Puerto Rico). Las acciones de políticos la han traído a donde está, pero también políticos de una cepa distinta tal vez podrían traer prosperidad y cambio. La razón más grande por la cual estudió ciencias políticas es por que pienso que junto con otras cosas me dará el conocimiento necesario para poner un granito de arena en el cambio que es tan inminente. Por lo cual es importante estar preparado y aportar.

La verdad es que sin política no habría sociedad, ya que toda interacción entre personas podría ser considerada interacciones políticas. Claro que el estudio va más allá de eso, pero lamentablemente el estigma de la política en Puerto Rico conlleva a que la gente piense que la corrupción es sinónimo de la política. Cuando se podría decir que la corrupción es como un resultado de la política, no son sinónimos y la política no necesariamente tiene que conllevar a corrupción. Pero eso es parte de lo que han traído sobre nosotros esos políticos del pasado y del presente.

Claro que el conocimiento proviene de los cursos que tomó, como antes mencionado. Los mismos en su mayoría son muy útiles directamente como también he mencionado antes. Pero también hay los que hasta donde llega mi conocimiento nunca utilizaré en mi vida profesional. Por ejemplo ciencias biológicas, un tema muy interesante, pero no muy útil cuando estás estudiando ciencias políticas. Claro que debe tener sus méritos saber sobre otros temas aparte de los cuales son completamente necesarios pero, hay varios cursos a los cuales no se le ve la lógica de ser en muchos currículos. El que yo curso no es la excepción.

Pero ya como he entrado un poco en tema previamente hay varios que sí parecen ser necesarios aunque no sean directamente de ciencias políticas. Las humanidades son unos buenos ejemplos de cursos que complementan bastante bien el bachillerato. De una manera muy peculiar debido a que las cosas que se discuten en la misma en muchos casos también son discutidas en clases de ciencias políticas, como por ejemplo la reforma protestante. La política de la antigua grecia y roma, las dinastías chinas, las monarquías europeas. son todos temas que aunque no necesarios conocer, son muy buenos complementando y ampliando el conocimiento de la política que tenemos los estudiantes.

Todos estos temas se pueden ver desde la perspectiva política y humanista. Claro que tener dos perspectivas siempre es mejor que solo una. No solo eso, cuando se coje un tema un profesor generalmente no piensa igual que otro y se ve una diversidad en las ideas presentadas en la discusión de los temas.Más ideas y perspectivas sólo son más beneficiosas para los estudiantes. Las humanidades son extremadamente necesarias en mi currículo. Por esto pienso que humanidades es una de las clases más importantes en el currículo de un estudiante de ciencias políticas, luego de las clases de política irían las de humanidades.

8

Derecho de la intervención

El escrito sobre el derecho de la intervención humanitaria en la globalización y el conflicto de los grandes lagos, habla de las relaciones internacionales y nos hace entender un poco mejor un tema extremadamente extenso y complejo. La intervención internacional siempre ha sido un problema mundial, ya que los países tienen razones que para otras naciones serían consideradas nebulosas y raras. Pero para una nación en particular podrían ser consideradas completamente normales y justificadas. La verdad es que todo es mucho más complejo de lo que parece.

Los conflictos de baja intensidad que se han visto desde la segunda guerra mundial, han definido el mundo. Todas las naciones poderosas del mundo han participado de estos conflictos, algunas como estados unidos han estado enrolladas en ellos por décadas. Con excepción de las guerras del golfo y la guerra de Iraq, no han ocurrido guerras en las cuales dos estados luchan entre sí desde hace ya varios años, esto lleva a una falta de entendimiento. No hay una razón coherente de porqué los conflictos modernos se han modificado de esta forma. Ya que las guerras son difíciles de justificar y las intervenciones más aún. Un gran ejemplo de esto es la guerra contra el terror. Es difícil justificar este conflicto al día de hoy, mientras que en el momento que comenzó se justificaba como una respuesta a los ataques del 11 de septiembre del 2001. Pero la guerra contra el terror no tiene un objetivo fijo y los distintos presidentes que han ocupado el oficio han utilizado la guerra para expandir agendas muy diversas.

Pero estas guerras no son cosa nueva, la guerra de Vietnam y la guerra de Corea fueron conflictos intervencionistas. Se podría decir que la participación de algunas naciones en la Segunda Guerra Mundial también fue un conflicto intervencionista ya que no todas las naciones participantes estaban directamente afectadas por la guerra. Lo que lleva a una pregunta, ¿ cuando se convierte un conflicto en no justificable?. Se podría justificar la segunda y Primera Guerra Mundial ya que afectó el comercio y otros aspectos globales, pero la guerra contra el terrorismo es más difícil justificar. Ya que estas intervenciones vienen solo cuando estas naciones poderosas desean intervenir, el terrorismo islámico ha sido un problema desde antes de los ataques de el 11 de septiembre de 2001, pero solo cuando el problema tocó a las naciones del oeste estas decidieron combatir este problema.

También ya que las Intervenciones ocurren con metas o objetivos que no están muy claros tienden a terminar mal para las naciones que están involucradas en ellas. Siria es un buen ejemplo de esto ya que el presidente de los Estados Unidos decide retirarse abruptamente sin un plan de qué hacer. Lo cual dejó a sus aliados solos y sin suficientes recursos para defenderse de otro estado lo cual es cuestionable. Todo esto son factores que afectan los conflictos suaves.

La guerra contra el terror y la guerra en Iraq ambos fueron eventos que afectaron negativamente a las naciones involucradas. No parece haber objetivos completos en estos eventos que es lo que causa que la victoria sea imposible. En Vietnam aunque ganaron las batallas perdieron la guerra en sí, esto es no solo ocurrente en este caso, si mo

Los conflictos de intervención son conflictos que generalmente no hacen mucho y parece que salieron de George Orwell. Conflictos que parecen que existen solo por existir y que no tienen ningún objetivo ni fin determinado, son generalmente perjudiciales para ambos los invasores y los locales. Lo peor de todo es que los eventos ocurren en las mismas áreas que George Orwell nos avisaba que ocurrían.

9

Sobre Rousseau

Jean Jacques Rousseau fue una figura central en la política de su época. No solo escribiendo teorías que influenciaron tanto el siglo 18 sino que trascienden a teorías contemporáneas. Rousseau también era erudito tenía talentos más allá de solo filosofar, escribió varias óperas, además de sus textos filosóficos también fue uno de los autores de la primera enciclopedia. No cabe duda que fue una de las figuras más influenciadoras e interesantes de su siglo. Fue uno de los filósofos de la ilustración. Sus pensamientos tuvieron una gran influencia en la revolución francesa, y en revoluciones subsiguientes. Su impacto en el arte es un poco olvidado pero fue un gran compositor, compuso sobre 7 óperas y 5 otras composiciones musicales. Su escritura fue casi completa en torno a la teoría filosófica y la teoría política. Pero también escribió teoría de música. Antes los grandes pensadores tenían esta capacidad para ser eruditos, tocando múltiples ramas de las artes y a veces las ciencias y la filosofía. No solo tocando sino dejando marcas profundas en estas ramas, marcas que son vistas al día de hoy.

Rousseau, siendo contemporáneo con muchos otros filósofos de la ilustración, tuvo una oportunidad de vivir con Voltaire pero la dejó pasar, luego diciendo que fue un error. También fue un fugitivo, fue considerado el anticristo por su propio pastor, ya que aunque fue católico por un tiempo, la mayoría de su vida fue calvinista. Las críticas contra él eran muy fuertes con otros filósofos diciendo hasta que había que silenciarlo y voltaire aunque pensaba altamente de él también fue uno de los críticos más fuertes que tuvo. Claro que tuvo críticos en todas sus facetas no solo filosófica. Fue criticado por filósofos católicos por su religión y por pastores y exponentes de su propia religión por sus ideas. Sus trabajos más criticados fueron sus discursos que Voltaire encontraba repugnantes por las ideas que contenían y exponían. Sin embargo aunque fueron muy criticados sus trabajos eso no lo detuvo. Al día de hoy algunos de los debates que comenzó no tienen solución sólida, también sus trabajos son criticados y apreciados al día de hoy.

Para mi uno de sus trabajos es más importantes es uno de sus discursos, los mismos que fueron tan fuertemente criticados. El discurso de el origen de la desigualdad es muy interesante, cónsona con ideas que volverían a surgir siglos luego de él crear el discurso. La idea de Rousseau de que para la humanidad, aunque heredera de la tierra en su totalidad, el principio de la propiedad privada era inevitable, aunque él lo consideraba en el discurso una aberración. Ya que al igual que Thomas Hobbes, parece pensar que todos los humanos nacen con el derecho natural. Un derecho que dicta que la tierra le pertenece a todos por igual. Sin embargo él difiere de Hobbes, ya que Hobbes teoriza que la única manera de perder ese derecho natural es mediante la obediencia y aceptación del soberano. Mientras Rousseau parece teorizar que ya este derecho ha sido perdido, por el hecho de la existencia de la propiedad privada. Parafraseando el primer párrafo del discurso, cuando el primer hombre que cercó un pedazo de terreno pensó en decir "esto es mío" y consiguió gente suficientemente simple para creerle, él mismo fundó la sociedad civil. Esta sociedad civil es la que según Rousseau le quita el derecho natural a las personas que nacen dentro de la misma. Entonces ya no es un contrato entre ciudadano y soberano, sino que se transforma entre un contrato entre todos los ciudadanos de la sociedad, asegurado por el soberano. Aunque puede parecer que no hay mucha diferencia entre una teoría y la otra, con la teoría de Rousseau es más fácil ver la creación de las clases sociales, ya que en el discurso, parece ser que en el momento que el primero hombre declaró el terreno como suyo creó el sistema de clases casi instantáneamente.

Recordando entonces la época en la cual Rousseau vivió, con todas las revoluciones que estaban ocurriendo, muchas de las cuales abogaban por la igualdad del hombre, es fácil ver cómo su pensamiento político se volvió famosos. Pero él también tenía otros pensamientos no necesariamente políticos en la naturaleza. Rousseau pensaba que el hombre era inherentemente bueno y que la sociedad era quien lo corrompía. Esto era otro punto de debate que tenía con Hobbes quien pensaba que el hombre era malo de nacimiento. Interesantemente Hobbes da a entender que el estado es quien mantiene al hombre en línea y lo hace decente. Rousseau naturalmente pensaba lo opuesto, que el estado es lo que le prohibía a el hombre a mantener la decencia que tenía de nacimiento. Es interesante que Rousseau y Hobbes parecen no poder estar en acuerdo con nada, pero parece ser que en la idea central de cada uno de sus pensamientos concuerdan. Ambos concuerdan que aunque por razones distintas el hombre es corrupto y malo, también concuerdan que el hombre ha perdido el derecho natural. Claro que esto de tener ideas conflictivas con sus contemporáneos es parte de su trabajo como filósofo ya que es importante hacer preguntas y cuestionar todo los datos dados.

El personaje de Rousseau es muy importante para mi ya que fue una de las inspiraciones para estudiar ciencias políticas. Ya que el impacto que tuvo este hombre en el mundo solo con sus escritos y teorías fue magnífico, y es un gran modelo a seguir. Lo estudié en la escuela secundaria y basado en estudiarlo a él aprendí de muchos otros filósofos de la era y anteriores. Tristemente la vocación de filósofo no es una en alta demanda en día de hoy y por esto no me motivó a seguir ese camino, si no entonces a seguir el camino de las ciencias políticas.

Más allá de eso, él es una figura que como mencione anteriormente, pero influenció la creación de varios sistemas políticos como la república. Las ideas que él presenta son muy parecidas a las bases del comunismo, claro que las bases de esta otra teoría fue fundada mucho tiempo después. Es central para el pensamiento político moderno por eso es importante para todos los que estudian ciencias políticas. Sus ideas traen a la vida muchas cosas que vemos hoy. Sus obras musicales también son recordadas y sus trabajos para el mundo de la música son también muy importantes. Lo de erudito es algo a lo que todos deberíamos aspirar a ser.

También para todos los profesionales políticos también es importante ya que si no conocen a esta persona en mi opinión le falta conocimiento. Pero es una figura muy central para todos los personajes y para muchas naciones ya que sin sus ideas algunos de él y otros no existirían los modelos políticos que siguen. Estados unidos y Francia son muy buenos ejemplos de esto. Las ideas de este hombre se ven hoy y se seguirán viendo en el futuro. Un filósofo siempre es un buen modelo a seguir ya que el modelo de hacer preguntas que a lo mejor no tienen respuesta alguna. La percepción abierta de cómo funciona el mundo y permitir ideas nuevas entrar es importante. Todas estas cualidades son necesarias para ser cualquier tipo de profesional pero para una persona que trabaja con política son extremadamente valiosas.

10

Sobre aristoteles

Aristoteles nació en Estagira, actual Macedonia, en el 384 antes de Cristo. Aristoteles, fundó el Liceo, la escuela peripatética de la filosofía y la tradición aristotélica. El polímata escribió sobre temas desde física hasta política. Sus escritos y filosofía afectan nuestra cultura y hasta nuestro entendimiento de diversos temas al día de hoy. Lamentablemente de sus escritos sólo un tercio sobrevive, ninguno de estos fueron escritos con la intención de ser publicados, al tiempo y llega a nuestras manos. Pero el impacto de estos no puede ser negado ni escondido ya que su escuela de pensamiento sigue viva al día de hoy.

El padre de Aristóteles Nicómaco, era el doctor personal del rey Amyntas de Macedonia. Pero ambos de sus padres murieron cuando Aristoteles tenía aproximadamente 13 años. Luego de la muerte de sus padres, fue adoptado por Proxeno de Atarneo. Poco sobrevive más allá de estos detalles pero, es claro que de joven Aristóteles pasó mucho tiempo en el palacio de macedonia, donde establece sus primeras relaciones con la familia real.

A la edad de 18 entró a la academia de Platón en Atenas y permaneció en Atenas hasta sus 37 años de edad. Luego de la muerte de Platón Aristóteles, bajo pedido del rey Felipe segundo de macedonia, le dio tutorías al hijo del rey. Al mismo tiempo que era el tutor de quien algún día sería Alejandro Magno, creó una librería en el liceo. Lo cual lo ayudó a crear muchos de los escritos que sobreviven al dia de hoy. Sin embargo sus escritos publicados no nos llegan a la modernidad.

Aristoteles viajó con algunos de sus estudiantes a diversas partes del mundo, donde estudió y cultivó conocimiento. Política en Asia menor, botánica y zoología en Lesbos. En la isla también encontró amor y se casó con la hija adoptiva o sobrina de su amigo Hermias. Con Pythias tuvo una hija a la cual llamó como Pythias. Luego de estos viajes es cuando es invitado a la corte en Macedonia.

Aristoteles, tuvo un gran impacto en el momento que vivió Pero este impacto trasciende, además de educar directamente a tres reyes en macedonia, sus trabajos se utilizaron y se utilizan aún para educar líderes. Aristoteles murió en el año 322 Antes de cristo en Chalcis Grecia. A la edad de 53 años muere uno de los tres más grandes filósofos griegos

11

San Agustin

San Agustín de Hipona nació el 13 de noviembre del 354 en la ciudad de Tagaste, una ciudad antigua sobre la cual reside la actual Argelia. Su padre era pagano y su madre al igual que san agustín fue beatificada por la iglesia católica como una mujer ejemplar. Su madre le mostró a San agustin las virtudes católicas desde pequeño. Cuando Agustin se estaba alejando del cristianismo su madre rezó para que volviera al camino cristiano. Con una madre tan devota no es sorpresa que su hijo llegara a ser santo.

Agustín destacó en el estudio de la literatura, especialmente la literatura clásica griega. Era considerado extremadamente elocuente, lo cual fue apoyado por su estudio de la gramática y la literatura. San Agustín estudió en Cartago y Madaura. Durante esta época de su vida, le encantaba recibir halagos y fama. Los mimos venían fácil con su genio retórico y su participación en competencias de poesía. El mismo critica su comportamiento en su juventud en su trabajo de confesiones.

Entró a un culto llamado Maniqueísmo, pero se alejó de

él mismo cuando consideró que la doctrina era demasiado simplista y promueve la pasividad del bien ante el mal. Luego de enfermarse en roma y recuperarse con la ayuda de un amigo fue nombrado Maestro de retórica en la actual Milán. En milan es donde San Agustin se convierte finalmente al cristianismo. Ciertos eventos que Agustin consideró divinos lo llevaron a finalmente aferrarse a la religión de su madre, fue bautizado en Milán, dedicó su vida a los estudios litúrgicos hasta que decidió volver a áfrica. Su madre falleció antes de volver, cuando volvió a áfrica vendió todos sus bienes, repartió el dinero a los pobres y fundó una comunidad con unos amigos. Luego fue nombrado sacerdote debido a una vacante. Luego de esto es que el comienza a escribir la mayoría de sus obras.

San agustin murió en hipona, durante el asedio vándalo de la ciudad. Hay diversas interacciones divinas que le ocurrieron a San agustin, las más famosas fueron un niño que le dijo toma y lee, cuando el mismo tenía las escrituras de san pablo. La otra ocurre cuando Agustin caminaba por la orilla de la playa y encuentra un niño que le dice que quiere meter toda el agua del mar en un agujero que él había cavado. El teólogo le dice al niño que eso es imposible y el niño le contesta que lo más difícil es conocer el misterio de la santísima trinidad. La vida de san Agustín está llena de eventos interesantes y divinos. Es uno de los santos cuyos trabajos más influencian la humanidad al día de hoy, tanto creyente como no creyente. Es un vivo ejemplo de que de tal palo, tal astilla.

12

Cicerón

Marco Tulio Cicerón nació en Arpino en el 106 antes de cristo. Arpino estaba cerca de Roma y Ciceron era de una familia plebeya que sin embargo subió a ser ecuestre. Su madre, Helvia, tenía en su familia dos pretores. La parte materna de la familia de Cicerón tenía posiciones políticas y poder. Desde joven fue a estudiar leyes en Roma. Además de leyes también estudió poesía y filosofía, también aprendió sobre la cultura griega en la capital de la república.

Al cumplir 17 cumplio con su servicio militar durante la guerra social, una guerra causada por un conflicto de ciudadanía. Luego de que la guerra se acabó volvió a retomar sus estudios. En el 75 antes de cristo Ciceron comenzó oficialmente su carrera política. comenzó desde abajo hasta arriba, desde cuestor hasta pretor. tuvo una excelente carrera como lo que hoy llamaríamos abogado. y con ayuda de Pompeyo subió alto en la política de la república tardía.

Cicerón por un tiempo creó un "partido" político que no eran los optimates conservadores ni los populares que eran reformistas. Si no un partido intermedio, pero con la influencia popular de Cesar se volvió a unir a los optimates. Cicerón logró la posición de cónsul, corriendo contra catalina. Defendió al cónsul lucius Murena en su famoso discurso de pro murena.

Pero todo llega a un final, Ciceron se opuso al primer triunvirato rechazo el puesto que le ofrecieron para silenciarlo, y se alejó de la política por un tiempo, volvió luego hasta que al final sus encontronazos con gente como César y luego Marco Antonio significaron su muerte por ejecución. Ciceron era una mente brillante y sus principios filosóficos, políticos y legales se siguen utilizando al día de hoy.

13

El Leviatán

La obra de Thomas Hobbes, el Leviatán, cubre muchos temas. Pero el tema de la ley natural, la cual habla de como todos los seres humanos como seres iguales. Tan iguales que es difícil reclamar diferencia cuando se mira a una persona y luego a la otra. No solo físicamente sino que también mental y emocionalmente. Que conste que mientras hobbes habla de hombres, personalmente entiendo que el texto podría ser interpretado como referente a la humanidad. Claro que probablemente esta no era su intención pero para comprender esta reflexión, es necesario hacer esta salvedad. Cuando hobbes habla de las diferencias entre persona y persona, Algunos más rápidos en pensamiento y otros con más fuerza física. Cuando de fuerza física se habla, el más débil puede derrotar el más fuerte. Sea por maquinación o confederación, el débil encuentra la forma. En cuestión de inteligencia, todos tenemos la habilidad de conseguirla por experiencia.

Pero de esta igualdad proviene la razón de nuestros problemas con otras personas. Tan iguales somos que fácilmente deseamos la misma cosa, fácilmente reaccionamos igual que otros cuando no la podemos acceder. De este deseo de tener algo, que no es posible compartir es que nacen las enemistades que tenemos entre nosotros. Por esto una persona no teme nada más que el poder de otra. El poder que puede ser utilizado en su contra. Por esto la persona que controla a otros siempre tiene que cuidarse de el poder de las personas bajo su control. entonces de la igualdad, al fin alcanzamos la diferencia. De la diferencia entonces no hay forma para que una persona se proteja menos la anticipación por la fuerza. Por la fuerza o por voluntad se ven entonces obligados a dominar todo lo que puedan hasta no encontrar ninguna amenaza contra su ser. Cuando el poder de otro ya no puede hacerle daño, todo esto para la preservación de sí mismo. Entonces está con aquel que conquista o busca controlar más allá de lo necesario para su preservación. Estos logran existir y preservarse por más tiempo que aquellos que buscan solo defender lo que ya dominan. Pero se debe entender que el dominio sobre otras personas es necesario para la preservación de sí mismo.

Las personas no tienen ningún placer en estar rodeadas de otras personas que no dominan o mientras ellas no están dominadas por algún otro poder externo a lo que está presente. Porque cada persona espera que la que está a su lado la vea como se ve a sí misma. Pero esto usualmente no pasa y cada señal de desprecio, es suficiente para hacerlos destruirse entre sí. Claro que un poder externo podría mantenerlos bajo control y prevenir que se ataquen. Pero esto nos lleva a las tres principales razones de por que los humanos se atacan entre sí. La primera es competencia, simplemente querer ser mejor que el que está a tu lado. La segunda es la diferencia, causado por querer estar protegido de la misma. La tercera es por la fama, la más básica de todas. Por esto el estado de la humanidad sin un poder común que la domine es un estado perpetuo de guerra.

En la época contemporánea, mientras aún se dan los conflictos personales, esta teoría se puede ver perfectamente en práctica mirando a los Estados. Los estados se comportan como personas. Todo lo mencionado anteriormente se le puede aplicar a los mismos. Hasta agrupaciones de Estados, como lo son la Unión Europea, la Otan, la ONU etc. son paralelismos de las agrupaciones humanas que en sí llegaron a formar los estados. Pero en si los Estados funcionan igual que las personas.

EL comportamiento de los estados es de esta manera porque están en su parte compuestos por personas. Ningún estado utiliza el gobierno que propone Hobbs en el leviatán, claro que esa vertiente casi absolutista del poder ha sido experimentada en el pasado. Nunca exactamente como está propuesto, pero ningún sistema político ha sido utilizado exactamente como fue escrito. Sin embargo, aunque su sistema no es utilizado, las naciones siguen comportándose como personas. Sean autoritarias, totalitarias, repúblicas, democracias o monarquías no importa, siguen comportándose de la misma manera. Claro que el leviatán evitará este comportamiento ya que si es aplicado en un sistema global ya no existirían Estados para que lucharan entre sí.

Es muy debatible el aspecto personal, aun viviendo bajo el dominio de otras personas seguimos estando en un estado de guerra contra los que nos rodean. En la mayoría de los casos no son guerras donde se derrama sangre pero si hay competencia, entre cada persona, sigue existiendo la necesidad de algunos de obtener fama y gloria. Seguimos atacando a lo que consideramos diferente. En sí el poder de un soberano no nos ha quitado nuestra naturaleza. Mientras reconocemos la pérdida del derecho innato a tenerlo todo, como dice

Hobbes, no estamos realmente ganando lo prometido. Al menos en el sistema democratico en el que vivo, el peso del contrato social recae demasiado en el individuo mientras que el soberano no nos da lo prometido. En contra de la ley natural, comprometemos y rendimos lo que deseamos a cambio de una paz y un orden que realmente no existen. En fin el intercambio es uno que nos deja tanto sin la soga como sin el burro.

Lo más interesante de Hobbes es que su trabajo nunca parará de ser relevante, al menos de que exista en un futuro un mundo que existe bajo una sola nación. Porque el propósito de el leviatán es terminar con este estado de guerra en el que vivimos y seguiremos viviendo mientras no lo apliquemos. En algún futuro tal vez alguien podría escribir sobre cómo el ser humano vive en un perpetuo estado de paz y así y solo así, dejará de ser relevante la teoría de hobbes.

14

La Utopia y Puerto Rico

L a isla es un paraíso natural, la misma naturaleza conspira para la defensa de la isla, con escollos y bancos de arena que son pesadilla para las flotas enemigas. Un fortín en una isla que es más una roca que una isla es la principal defensa naval. Utopía fue civilizada por sus conquistadores, Utopo quien obligó a los viejos habitantes a que se volvieran civilizados. Utopo fue más allá de solo modificar las vidas de los habitantes sino que creó el istmo que transformó Utopía en una isla. Utopía tiene cincuenta y cuatro ciudades que utilizan el mismo idioma, las mismas leyes y comparten la misma cultura. La capital se encuentra equidistante de las demás ciudades, está construida en la falda de un monte. Amarouto es el nombre de la ciudad capital, en ella reside el senado, la misma está rodeada por murallas y defensas que podrían resistir tanto asaltos como asedios. Tiene acceso a un río, una de las murallas colinda con el mismo. La ciudad tiene maravillas arquitectónicas tanto dentro como rodeandola.

La posesión particular no existe en utopía, las casas tienen cerraduras básicas que cualquiera puede abrir y entrar. Cada diez años se cambia de hogar entre la población. Las familias se Intercambian entre el campo y la ciudad utilizando un sistema de rotación, los que prefieren el campo pueden permanecer más tiempo trabajando en el mismo si lo desean. La agricultura crea una abundancia de alimento para toda la nación, con ganadería y la cría de aves como gallinas. No falta nada y todos tienen más que suficiente.

La isla es un principado con una democracia representativa. La posición de príncipe es vitalicia a menos que el mismo sea un tirano o atente contra la república de utopía. Cada año cada treinta familias eligen un magistrado para representarlas, cada diez se escoge un magistrado superior, cada magistrado superior escoge al príncipe. Los senadores son elegidos por cada cuarta parte de cada ciudad. El príncipe es elegido de los cuatro candidatos más populares de la república.

Tomas Moro creó la palabra utopía uniendo dos términos griegos. En su traducción literal significa "Ningún lugar", los términos que utilizó fueron "ou" y "topos", "ou" significa no y "topos" lugar. Hoy en día se define utopía como un lugar ideal pero esa no era la definición que ideaba Tomas Moro cuando escribió este trabajo. El propósito era mostrar la imposibilidad de que existiera un estado como el que él describe. La perfección de la cual el habla no existe y el mismo no los dice en el mismo título de su obra. Ahora las virtudes de las cuales el habla cuando estaba ideando el Estado perfecto son, a diferencia del estado en sí, posibles de emular. Muchos esquemas políticos lo intentan y algunos Estados lo han logrado.

La república de utopía tiene muchos parecidos con la isla de Puerto Rico. A la misma vez Puerto Rico podría ser una antítesis de utopía. Si al igual que la utopía tenemos una democracia representativa y un pueblo que fue civilizado por extranjeros. Tenemos una isla que tiene muchos escollos y bancos de arena, en una isla más pequeña están los fortines ancestrales que por siglos defendieron la isla de invasiones. Pero la utopía es una tierra de abundancia donde todos trabajan y con el fruto de este trabajo se beneficia tanto el individuo como la sociedad. En Puerto Rico tenemos una alta tasa de gente que vive con el fruto de otros miembros de la sociedad sin ellos poner su grano de arena para aportar. En la utopía el sistema político está diseñado para que la corrupción no ponga raíces, en Puerto Rico el sistema político es utilizado por los corruptos para defenderse y esconderse. No obstante todo está perdido. Es posible vivir cerca a la utopía, si se persiguen los valores que la construyeron.

Mientras somos en algunas formas la antítesis del Estado perfecto, tenemos los cimientos para llegar lo más cerca posible a un Estado que brinde igualdad y felicidad a sus ciudadanos. Tenemos una isla llena de recursos naturales, situada en un gran punto estratégico para la economía del mundo. Tenemos un sistema de gobierno similar en parte al de Utopía. Para estar mas cercanos a la utopia no tendriamos que empezar de cero. Estamos más cerca de lo que aparenta y sería hermoso poder tener un Estado tan próspero como el que ideó Tomas. Si bien hay que utilizar los cimientos dados por nuestros ancestros y construir sobre ellos un estado mejor. Un estado que exista para sus ciudadanos y no viceversa.

Nuestra nación puede con una reestructuración llegar a ser entonces casi utópica. con reestructuraciones económicas, políticas y sociales se puede llegar fácilmente a una sociedad de igualdad y de productividad como la que presenta Tomas Moro. En Puerto Rico la mayoría de la gente común sigue estos ideales ya que Tomas escogió los mejores aspectos de su cultura y religión para crear la utopía y la mayoría de los puertorriqueños comparten con él la religión y los estadounidenses nos trajeron mucho de la cultura inglesa. Es imposible tener una nación que sea como la Utopía, pero con reformas se podría llegar a algo extremadamente similar. Solo depende de la voluntad que tengamos para cambiar y ser mejor de lo que actualmente somos, eso hace la diferencia entre un Estado utópico y el estado en el que existe Puerto Rico.

15

La politica en la naturaleza

Aristoteles habla de la política como algo natural, todas las relaciones humanas están compuestas por política.Todas las conversaciones y relaciones tienen componentes políticos. En todo hay un quid pro quo, alguien con algo que otro necesita. La naturaleza social de los humanos nos obliga a ser seres políticos. Sin la relación política no hay seres sociales ya que cada interacción es un acto político. Basándonos en eso entonces la política viene de la naturaleza. Claro que esto es obvio una vez se leen estas teorías. Abren los ojos a lo que de verdad componen las relaciones humanas y también algunos animales. Se podría decir y probar la existencia de la política en la naturaleza pasando por dos vertientes. La vertiente humana y la vertiente "animal".

Pero no todas las relaciones políticas son naturales. Por ejemplo la relación entre amo y esclavo. Esta relación no es natural ya que los humanos son todos por virtud de ser humanos, iguales. Por esto esta relación de dueño y posesión no es natural para los humanos. Al menos no para los humanos modernos, Para el clásico tal vez se podía considerar natural debido a la moral de la época. Pero el ejemplo de Aristóteles no funciona en la modernidad. Algunos animales tienen relaciones parecidas, debido a la existencia de castas. Las hormigas y las abejas con ejércitos de constructores, soldados y reinas. Esto es una ocurrencia no humana de relaciones políticas entre animales.

La guerra es una práctica política que tampoco es única de los humanos. Leones, primates hasta insectos luchan por territorio, recursos. La guerra es una práctica natural no solo para los humanos, si no para los animales también. No es la única práctica política común en más de una especie pero es de las más comunes. La verdad del caso es que tenemos tanto en parecido con otras especies sociales. Todas con sus interacciones, que son tan parecidas y hasta igual de complejas en algunos casos que las humanas.

En el caso más básico humano sabemos que la política es parte de nuestra naturaleza porque desde el amanecer de nuestra especie la hemos estado practicando. Desde los primeros líderes tribales, los primeros señores de la guerra y los primeros comerciantes tenemos el principio político. Las relaciones personales, amorosas, amistades y familiares también están compuestas de la misma técnica. La necesidad de algo y la transferencia de poder, todo ocurre en los núcleos familiares, matrimonios y amistades. Las conversaciones que tenemos diariamente con todas las personas también. Tenemos la política en nuestra naturaleza, en lo que somos como animales sociales.

Somos animales sociales al igual que todos los antes mencionados. Somos los más complejos pero no somos tan distintos como ellos. La política vive en la naturaleza, no necesita de nosotros para existir. Vive en todo lo que hacemos y en todo lo que hemos hecho. La política existe sin nosotros, con nosotros y en otras especies. A pesar de la naturaleza de la misma nosotros somos capaces de llevarla a sus límites y utilizarla para beneficio de nuestra especie colectiva.

www.ingramcontent.com/pod-product-compliance
Lightning Source LLC
Chambersburg PA
CBHW071235240726
48654CB00009B/1066